Petra Boniberg

Lustige Fensterketten

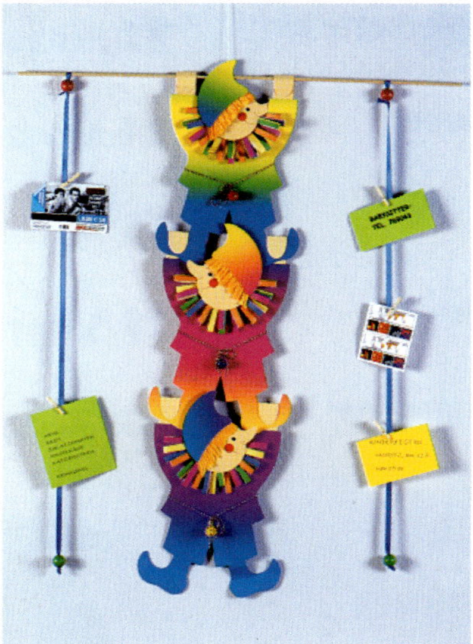

AUGUSTUS

Inhalt

Material und Hilfsmittel

Die genauen Angaben für das benötigte Material finden Sie bei den Bastelanleitungen zu den einzelnen Fensterketten. Alle Materialien erhalten Sie in Hobby-, Bastel- und Handarbeitsläden.

Das wird gebraucht

Tonkarton
Karton mit Streifen
Karton mit Pünktchen
Bastelkarton, einseitig genarbt (Ursus)
Regenbogenkarton
Fotokarton mit Zahlen, vorgestanzt (Ursus)
Tierfellkarton
Tonpapier
Regenbogentonpapier
3-D-Wellpappe
Transparentpapier
Fineliner in Schwarz (edding profipen)
Buntstifte
Halbperlen in Schwarz (Knorr)
Wackelaugen
Wattekugeln
Bastelfarben
Pinsel
Deckweiß
Schaschlikspieß
Nähgarn
Wolle, Satinbänder und Kordel
Rundholzstäbe
Edelbast
Musterklammern, 17 mm (Hansa)
bunte Metallglöckchen
kleine Holzwäscheklammern
bunte Holzperlen

Außerdem sollten Sie sich folgende Hilfsmittel und Werkzeuge zurechtlegen, die immer wieder benötigt werden:

Bleistifte HB und H2
Radiergummi
Schere
kleine spitze Schere (Silhouettenschere)
Cutter
Cuttermatte oder dicker Karton
Falzbein
Lochzange
Pinzette
Nähnadel und Sticknadel
Klebstoff oder Klebestift (Uhu extra, Uhu stic)
Klebepads (Pritt)
Klebefilm
Moosgummi

Gewusst wie

So stellen Sie eine Fensterkette her

Übertragen der Vorlagen
Jedes Motiv ist in Originalgröße auf dem Vorlagenbogen abgebildet. Bei Motiven, die mehrmals benötigt werden, empfiehlt es sich, eine Schablone aus Karton herzustellen (siehe auch Profi-Tipp auf der vorderen Umschlaginnenseite). Für das Übertragen benötigen Sie Transparentpapier und Bleistifte HB und H2.

Das Transparentpapier auf die Vorlage legen und alle Linien mit dem Bleistift HB nachziehen. Das Transparentpapier mit der bemalten Seite nach unten auf das Werkmaterial legen und die Linien mit dem Bleistift H2 nachziehen und durchpausen. Die Motive erscheinen nun seitenverkehrt und müssen entsprechend der Abbildung gewendet werden.

Ausschneiden der Motive
Die übertragenen Motive zunächst grob mit der Schere ausschneiden. Dann die Konturen mit der Schere genau nachschneiden. Besonders handlich sind hierbei kleine spitze Scheren (Silhouettenscheren). Für Kinder eignen sich Kinderscheren mit abgerundeten Spitzen. Für gerade Schnitte kann der Cutter eingesetzt werden. Benutzen Sie beim Schneiden eine Cuttermatte oder einen dicken Karton als Unterlage.

Fensterketten beidseitig gestalten
Wenn die Fensterketten auch auf der Rückseite das gleiche Motiv zeigen sollen, müssen alle erforderlichen Details zweifach (einmal davon seitenverkehrt) ausgeschnitten und deckungsgleich aufeinander geklebt werden.

Kleben der Motive
Für die Klebearbeiten verwendet man einen gut haftenden Klebstoff. Kinder sollten mit einem lösungsmittelfreien Klebestift arbeiten. Den Klebstoff sehr sparsam und immer vom Rand entfernt auftragen, damit beim Zusammenpressen der Motivteile nichts herausquillt. Bei Motiven, die nicht ganzflächig aufgeklebt werden (Arme, Schuhe, Schnabel usw.), nur die Stellen mit Klebstoff einstreichen, die eine Verbindung zum Grundmotiv haben.

Aufhängen der Fensterketten
Auf den Vorlagen sind die Markierungen für das Nähgarn vorgezeichnet. Die ausgeschnittenen Motive auf der Arbeitsfläche entsprechend anordnen. Den Abstand zu den einzelnen Motiven nach Augenmaß bestimmen, die Teile dürfen sich beim Drehen nicht berühren. Genügend lange Aufhängefäden (Nähgarn, Wolle oder Satinbänder) zuschneiden, dabei oben noch etwas Länge für die Aufhängeschleife zugeben.

Beim Zusammenfügen der Teile für Nähgarn eine Nähnadel, für Wolle oder Satinbänder eine Sticknadel verwenden. Mit dem untersten Motiv beginnen und das Garn dort verknoten. Das Garn durch das nächste Motiv ziehen. Damit die Motive später nicht verrutschen können, das Garn nochmals durch das gleiche Loch ziehen.

Für beidseitig gefertigte Motive die Innenseite des Motivs mit Klebstoff bestreichen und den Faden auf die optische Mittellinie legen. Dann das passende zweite Motivteil deckend auflegen. Wer möchte, kann das Garn auch auf dem ersten Motiv mit einem Stück Klebefilm fixieren und das zweite Motivteil aufkleben.

Faschingszauber

Vorlagenbogen Seite A

Mit bunten Harlekinen und fröhlichen Masken ist das Fenster zur Faschingszeit schnell »verkleidet«.

Das wird gebraucht

- Karton mit Pünktchen in Blau, Rot, Grün
- Tonpapier in Gelb, Rot, Grün
- Tonkarton in Gelb, Orange, Rot, Grün
- Schere
- kleine spitze Schere
- Bleistift
- Lineal
- Cutter
- Klebstoff
- Lochzange
- Falzbein
- Satinband in Gelb, 3 mm breit
- Musterklammern
- Klebepads

So wird's gemacht

Die Vorlage für die Harlekine auf den blauen, roten und grünen Pünktchenkarton übertragen und ausschneiden. Danach die Figuren auf rotes, grünes und gelbes Tonpapier übertragen und ausschneiden. Diese Figuren mit dem Cutter entlang des Lineals halbieren. Je einen halben Harlekin auf die Vorder- und Rückseite der gepunkteten Harlekine kleben. Die vorgegebenen Markierungspunkte an Händen und Füßen mit der Lochzange ausstanzen. Das Satinband durchziehen und hinter den Füßen des letzten Harlekins verknoten.

Für die Maskenkette eine Maskenform als Schablone anfertigen. Die Konturen

auf farbigem Karton nachzeichnen und ausschneiden. Ebenso Augen, Nase und Mund ausschneiden. Die Masken mit dem Falzbein in der Mitte falzen und knicken. Die Nasen aus Tonkarton zuschneiden, falzen, einschneiden, durch die Öffnung stecken und festkleben. Die Masken mit der Lochzange lochen und mit den Musterklammern zu einer Kette verbinden (siehe Vorlagenbogen Seite A). Die Masken mit Klebepads auf dem Fenster fixieren.

Osterküken

Vorlagenbogen Seite A und B

Ein neugieriges Küken erblickt das Licht der Welt. Sein Frühlingshimmel hängt voller Schmetterlinge und Ostereier.

Das wird gebraucht

- Tonkarton in Gelb, Pink, Orange, Hellgrün
- Tonpapier in Gelborange
- Schere
- kleine spitze Schere
- Klebstoff
- Fineliner in Schwarz, Deckweiß
- Schaschlikspieß
- Nähnadel
- Nähgarn in Gelb
- Falzbein
- Lineal

So wird's gemacht

Für das obere Küken den Körper und den Kopf ausschneiden. Am Körper das Loch für das Nähgarn mit der Nähnadel durchstechen. Den Kopf auf den Körper kleben. Den Schnabel und das Ei fertigen. Den Schnabel auf den Kopf, das Ei auf den Körper kleben. Das Gras ausschneiden und auf dem Ei platzieren. Mit dem Fineliner Augen und Schnabellinie aufmalen. Mit der Spitze des Schaschlikspießes weiße Glanzpunkte aus Deckweiß in die Augen setzen.

Für das Küken in der Mitte den Körper und den Kopf fertigen. Am Körper das Loch für das Nähgarn durchstechen. Den Kopf auf den Körper kleben und mit dem Schnabel ergänzen. Das Ei auf den Körper kleben. Das Gras auf das Ei kleben. Die Augen und die Schnabellinie aufmalen. Glanzpunkte in die Augen setzen.

Für das untere Küken Körper, Kopf und Halstuch ausschneiden. Das Halstuch auf den Körper kleben. Das Loch für das Nähgarn am Halstuch durchstechen. Den Kopf aufkleben. Den Schnabel auf den Kopf, die Beine hinter den Körper kleben. Augen und Schnabellinie aufmalen. In die Augen Glanzpunkte setzen. Das Grasteil zuschneiden.

Alle Motivteile mit dem Nähgarn verbinden.

Für die Ketten Eier und Schmetterlinge ausschneiden. Die Schmetterlinge mit den Tonpapierpunkten ergänzen und in der Mitte mit dem Falzbein entlang des Lineals falzen. Die Motive mit dem Nähgarn zu Ketten verbinden.

Hasenparade

Vorlagenbogen Seite A

Eine Frühlingsdiät aus knackigen Mohrrüben gibt Hasenpower für das Osterfest. Jetzt fühlen sich die drei Langohren zum Springen lebendig.

Das wird gebraucht

Tonkarton in Rehbraun und Orange
Tonpapier in Hautfarben, Schwarz, Gelb, Pink, Hellgrün
Schere
kleine spitze Schere
Klebstoff
Fineliner in Schwarz
Lochzange
Rundholzstab, 46 cm lang, ∅ 4 mm
Wolle
Sticknadel
Nähnadel
Nähgarn in Orange

So wird's gemacht

Die Hasen vom Vorlagenbogen auf rehbraunen Tonkarton übertragen und ausschneiden. Die beigen Ohrinnenteile und die Schnauze zuschneiden und auf die Hasenköpfe kleben. Die Nasen fertigen und aufkleben. Mit dem Fineliner Augen, Mund und Bartstoppel aufmalen. Die Trikots und Halstücher aus farbigem Tonpapier zuschneiden. Die Trikots auf die Körper kleben und mit den Halstüchern ergänzen. Mit der kleinsten Lochung der Lochzange die Markierungspunkte an Händen und Füßen ausstanzen.

Vier gleich lange Wollstücke zurechtschneiden und an einem Wollende verknoten. Die Wollstücke zuerst durch die Füße, danach durch die Hände der beiden äußeren Hasen ziehen und dann durch Füße und Hände des mittleren Hasen. Abschließend die Wollstücke am Rundholzstab verknoten. Die Mohrrüben aus Fotokarton und das Grün aus Tonpapier zuschneiden. Die Möhrrübenteile nochmals gegengleich zuschneiden. Das Grün zwischen die Rübenteile kleben. Die Rüben mit Nähgarn am Rundholzstab und am mittleren Hasenkörper befestigen.

3

Zum Geburtstag viel Glück

Vorlagenbogen Seite A und B

Mit fröhlichen Liedern, die der Musikclown auf seiner Quetsche anstimmt, fängt das neue Lebensjahr gut an. Mit Blumen und einem Gutschein gratulieren wir ganz herzlich zum Geburtstag.

Das wird gebraucht

Bastelkarton in Pink, Blau, Rot, Schwarz, Weiß, Gelb, Orange
Karton mit Streifen, Karton mit Pünktchen
Tonkarton in Hautfarben
Regenbogentonpapier
Tonpapier in Rot
Schere, kleine spitze Schere
Klebstoff, Lochzange
Fineliner in Schwarz
1 Wattekugel, ∅ 20 mm
Bastelfarbe in Rot, Pinsel
2 Halbperlen, ∅ 5 mm, Pinzette
Edelbast in Schwarz und Orange
Klebepad, Nähnadel, Nähgarn in Orange

So wird's gemacht

Zuerst den Clown basteln. Dazu die Hose, das Armteil, die Schuhe und deren schwarze Kappen aus Bastelkarton zuschneiden. Das Oval für das gestreifte Hemdenteil sowie den gepunkteten und den gestreiften Strumpf fertigen. Das Hemdenteil hinter die Hose kleben. Dahinter das Armteil ankleben. Die Strümpfe hinter die Hosenbeine kleben. Die Schuhkappen auf die Schuhe kleben, die Schuhe auf den Strümpfen platzieren. Die Schuhe mit der kleinsten Lochung der Lochzange lochen. Durch jeden Schuh ein Stück Bast ziehen und zu einer Schleife binden. Aus dem Regenbogentonpapier einen Streifen 4 x 26 cm zuschneiden. Den Streifen im Abstand von 1 x 13 cm zu einer Ziehharmonika falten. Auf beide Enden die schwarzen Griffleisten kleben. Die beiden Griffe auf dem Hemdenteil fixieren. Die Hände zuschneiden und auf die Griffe kleben. Für das Gesicht die Wattekugel rot bemalen, trocknen lassen. Den Kopf aus Fotokarton schneiden. Die Bäckchen aus Tonpapier aufkleben. Mit dem Fineliner den Mund aufmalen. Die Nase und die Halbperlen aufkleben. Aus orangefarbenem Bast ein paar Streifen als Haare am Hinterkopf platzieren. Den Kopf mit einem Klebepad auf dem Körper fixieren. Die Note (siehe Vorlagenbogen Seite B) zuschneiden und mit doppeltem Nähgarn am Oberkörper des Clowns befestigen. Die Karte und die gewünschte(n) Zahl(en) ausschneiden. Die Karte in der Mitte falzen und falten. Die Zahl(en) auf die Karte kleben. Den Gutschein nicht vergessen, die Karte mit Bast verschnüren und mit doppeltem Nähgarn an der Hose befestigen. Die Blütenblätter und Kreise zuschneiden. Die Blütenblätter mit Nähgarn zu Ketten verbinden und die Kreise aufkleben.

It's Partytime

Vorlagenbogen Seite B

Heute wollen wir einmal so richtig abtanzen. Die swingenden Partykatzen sorgen nicht nur am Fenster, sondern auch an der Tür zum Partyraum für wilde Stimmung und einen heißen Sound.

Das wird gebraucht

Karton mit Leoparden- und Tigermuster
Tonkarton in Pink, Orange, Gelb, Hellgrün, Blau
Tonpapier in Hellgrün
Schere
kleine spitze Schere
Klebstoff
Lochzange
3 Musterklammern
6 Halbperlen, ∅ 5 mm
Fineliner in Schwarz
Nähnadel
Nähgarn in Gelb

So wird's gemacht

Katzenkörper, Kopf und Schwanz aus Tierfellkarton, das Halstuch aus Tonkarton ausschneiden. Das Halstuch auf den Körper kleben. Mit der Nadel ein Loch für das Nähgarn durchstechen. Den Kopf auf das Halstuch kleben. Mit der Lochzange die Lochungen an Körper und Schwanz vornehmen. Den Schwanz hinter dem Körper mit der Musterklammer festmachen. Die Schnauze, die Nase und die Ohrinnenteile ausschneiden. Die Schnauze auf den Kopf kleben und mit der Nase ergänzen. Die Ohrteile aufkleben. Mit dem Fineliner den Mund und die Bartstoppel aufmalen. Die Augen aus hellgrünem Tonpapier ausschneiden, aufkleben und mit den Halbperlen ergänzen. Die Katzen mit dem Nähgarn untereinander verbinden.

Die Noten aus Leopardenkarton und farbigem Karton ausschneiden und ebenfalls mit dem Nähgarn zu Ketten verbinden.

BABYSITTER:
TEL. 769043
MEHL
BROT
SALAT,TOMATEN
MILCH,KÄSE
KATZENSTREU
REINIGUNG
KINDERFEST bei
MORITZ am 11.8.
um 15.00

Gedächtnisstützen

Vorlagenbogen Seite B

Fragen Sie nicht Ihren Arzt oder Apotheker nach einem Kraut gegen Vergesslichkeit. Ohne Risiken und Nebenwirkungen helfen die drei Kasperle auf charmante Weise Ihrem Gedächtnis auf die Sprünge. Die Gedächtniskette kann auch an einer Wand befestigt werden.

Das wird gebraucht

- Regenbogenkarton
- Tonkarton in Hautfarben
- Tonpapier in Rot und Hautfarben
- Luftschlangen
- Edelbast in Gelborange
- Moosgummi, 3 mm dick
- Schere
- Klebstoff
- Fineliner in Schwarz
- Buntstift in Rot und Braun
- dünne Kordel
- 3 bunte Metallglöckchen
- Rundholzstab, 60 cm lang, ∅ 4 mm
- Satinband in Blau, 6 mm
- 4 Holzperlen

So wird's gemacht

Die Körper und die Mützen aus Regenbogenkarton, den Kopf aus Tonkarton ausschneiden. Für den Kragen aus den Luftschlangen ca. 20 11 cm lange Streifen schneiden. Die einzelnen Streifen in der Mitte falten und halbkreisförmig auf die Halspartie des Körpers kleben.

Für den Kopf die Haare fertigen. Dazu ca. 3 cm lange Baststreifen zuschneiden und nebeneinander auf den Kopf kleben. Die Haare eventuell noch kürzen. Die Mütze aufkleben. Mit dem Fineliner das Auge, mit den Buntstiften den Mund, die Nasenlinie und das Nasenloch aufmalen. Das Bäckchen aus Tonpapier aufkleben. Den fertigen Kopf mit einem Halbkreis aus Moosgummi auf dem Kragen platzieren.

Aus dem hautfarbenen Tonpapier die Hände zuschneiden. Die Hände falzen, falten und hinter die Ärmel kleben. Die Kasperfiguren aneinander hängen und den obersten Kasper an dem Rundholz fixieren. An den Oberkörpern die Metallglöckchen mit einer Kordel befestigen.

Drei ca. 60 cm lange Satinbänder zuschneiden. Das linke und rechte Band oben zu einer Schlaufe legen, durch die rote Holzkugel ziehen. Die Schlaufe über den Stab legen, das Band anziehen und verknoten. Am unteren Ende eine zweite Holzperle aufziehen und das Bandende verknoten. Zum Schluss das dritte Band als Aufhängung am Rundholz befestigen.

Elefant auf Urlaubsfahrt

Vorlagenbogen Seite B

Endlich Sommer! Froh und unbeschwert radelt der Elefant in den strahlenden Sonnentag, Schmetterlinge und Schäfchenwolken ziehen mit ihm. Schattige Bäume laden zur Rast.

Das wird gebraucht

Tonkarton in Schwarz, Grau, Hellblau, Weiß, Hellgrün, Grün
Tonpapier in Gelb
Schere, kleine spitze Schere
Cutter, Lineal, Klebstoff
Fineliner in Schwarz, Deckweiß
Regenbogentonkarton
Schaschlikspieß, Pinsel
Lochzange
Edelbast in Schwarz, Nähnadel
Nähgarn in Hellblau und Hellgrün

So wird's gemacht

Zuerst das Fahrrad basteln. Dazu das Fahrradgestell auf Regenbogenkarton übertragen. Die Rundungen mit der Schere, die geraden Linien mit dem Cutter entlang des Lineals ausschneiden. Die beiden Räder ausschneiden und hinter dem Fahrradgestell ankleben. Die beiden Radgestänge mit den Kreisen ergänzen und die Fahrradlampe aufkleben. Die Pedale hinter das Rad kleben. Jetzt den Elefant basteln. Den Kopf, die Hand, den Fuß und den Schwanz aus grauem Karton zuschneiden. Die Hose, den Pulli und den Ärmel aus Regenbogenkarton fertigen. Den Fuß auf das Fahrrad kleben. Die Hose auf dem Fuß und dem Fahrradsattel fixieren. Den

Schwanz hinter die Hose, den Pulli auf die Hose kleben. Die Hand hinter den Ärmel kleben und diesen dann auf Körper und Lenker kleben. Den Kopf auf den Pulli kleben. Die Ohrmuschel und das Bäckchen aus Regenbogenkarton zuschneiden. Die Teile auf den Kopf kleben. Mit dem Fineliner das Auge, den Mund und das Nasenloch aufmalen. Mit Deckweiß einen Lichtpunkt in das Auge setzen und auf den Fuß die beiden Fußnägel aufmalen. Mit der Lochzange die Lochung am Kopf vornehmen und zwei Baststücke anknüpfen.

Die Wolken und die Bäume ausschneiden. Eine Wolke über dem Elefant anknoten. Bäume und Wolken zu einer Kette verbinden. Die Schmetterlinge aus Tonpapier ausschneiden, in der Mitte falten und mit etwas Klebstoff auf den Motiven fixieren.

Bunter Herbst

Vorlagenbogen Seite C

Die Herbststürme laden die bunte Blätterpracht zum wirbelnden Tanz. Familie Rabe gesellt sich im Sturzflug dazu.

Das wird gebraucht

- Regenbogentonkarton
- Bastelkarton in Schwarz
- Tonkarton in Gelb und Weiß
- Tonpapier in Schwarz
- Fotokarton mit Pünktchen
- Schere
- kleine spitze Schere
- Klebstoff
- Fineliner in Schwarz
- 2 Wackelaugen
- Klebepads
- Bürolocher
- Pinzette
- Nähnadel
- Nähgarn in Gelb

So wird's gemacht

Für das Rabenkind den ovalen Körper, die Hände und den Kopf aus Bastelkarton zuschneiden. Den Pulli und die Füße aus Regenbogenkarton, das Halstuch aus Fotokarton fertigen. Den Pulli auf den Körper, die Hände hinter den Pulli und die Beine hinter den Körper kleben. Das Halstuch auf den Pulli kleben. Den Schnabel aus Tonkarton fertigen und auf den Kopf kleben. Mit dem Fineliner die Schnabellinie und die Nasenlöcher aufmalen. Die Wackelaugen platzieren. Den Kopf mit einem Klebepad auf das Halstuch kleben.

Für die großen Raben den Körper und den Kopf aus Bastelkarton, die Füße und den Schnabel aus Tonkarton und die Halstücher aus Fotokarton fertigen. Die Füße hinter, die Halstücher auf die Körper kleben. Den Schnabel auf den Kopf kleben, Schnabellinie und Nasenlöcher aufmalen. Aus weißem Karton die Augen schneiden und aufkleben. Mit dem Bürolocher schwarze Tonpapierpunkte ausstanzen und die Pupillen in die Augen kleben. Die Köpfe mit Klebepads auf den Halstüchern fixieren.

Die Blätter zuschneiden. Blätter und Raben mit dem Nähgarn zu drei Ketten verbinden.

Schauriges Halloween

Vorlagenbogen Seite C

Huuii!!! In der Nacht zum 1. November irrlichtern unheimliche Gestalten durch die Straßen. Bleiche Geister, rabenschwarze Fledermäuse und tückisch grinsende Kürbisköpfe treiben ihr Unwesen. Sie sind nicht nur getrennt, sondern auch miteinander kombiniert zum Fürchten.

Das wird gebraucht

- Bastelkarton in Weiß, Schwarz, Orange, Grün
- Tonkarton in Grau
- Tonpapier in Schwarz
- Schere
- kleine spitze Schere
- Falzbein
- Lineal
- Klebstoff
- Fineliner in Schwarz
- Deckweiß
- Schaschlikspieß
- Lochzange
- 4 Musterklammern
- 3 runde Wackelaugen
- Nähnadel
- Nähgarn in Weiß, Schwarz, Orange

So wird's gemacht

Für die Geister den Körper, das Halstuch und den Kopf zuschneiden. Das Halstuch auf den Kopf kleben. Mit dem Fineliner runde Augen und den Mund auf das Gesicht malen. Mit der Spitze des Schaschlikspießes etwas Deckweiß aufnehmen und die Augen mit Lichtpunkten ergänzen. Den Kopf auf das Halstuch kleben. Die Geister mit dem weißen Nähgarn zu einer Kette verbinden.

Für die Fledermäuse Körper, Halstuch, Kopf und das hintere Ohr aus Bastelkarton zuschneiden. Das Halstuch auf den Körper und das Ohr hinter den Kopf kleben. Aus Tonkarton die Ohrmuschel und die Nase fertigen und aufkleben. Die Wackelaugen aufkleben. Den Kopf auf das Halstuch kleben. Die Flügel zuschneiden. Die gestrichelten Linien mit dem Falzbein entlang des Lineals nachfahren. Die Flügel knicken. Mit der Lochzange die Lochungen am Körper und an den Flügeln vornehmen. Die Flügel hinter den Körper halten und mit den Musterklammern festmachen. Die Fledermäuse mit dem schwarzen Nähgarn verbinden.

Für die Kürbisköpfe die Kürbisse und das Grün zuschneiden. Das Grün auf die Kürbisse kleben. Die Augen, Nase und den Mund aus Tonpapier fertigen und auf die Kürbisse kleben. Die Kürbisse mit dem orangen Nähgarn zu einer Kette verbinden.

Mond und Sterne

Vorlagenbogen Seite D

In kalten Winternächten stülpt der Mond seine warme Mütze über. Mond und Sterne verbreiten nicht nur am Fenster gemütliche Feierabendstimmung, sondern sorgen auch über dem Kinderbett für einen ruhigen Schlaf.

Das wird gebraucht

Tonkarton in Goldgelb und Hellrot
Karton mit Dalmatinermuster
Tonpapier in Hellrot
Schere
kleine spitze Schere
Klebstoff
Fineliner in Schwarz
Deckweiß
Schaschlikspieß
Nähnadel
Nähgarn in Rot und Gelb

So wird's gemacht

Den Mond, die Mütze, den Fellbesatz und den kleinen Fellstern zuschneiden. Die Mütze auf den Mond kleben. Den Fellbesatz und den Fellstern auf die Mütze kleben. Mit dem Fineliner das Auge, die Nasenlinie und den Mund aufmalen. Mit der Spitze des Schaschlikspießes etwas Deckweiß als Lichtpunkt in das Auge setzen. Das Bäckchen aus Tonpapier fertigen und unterhalb der Mütze in die Mitte kleben. Zum Aufhängen das rote Nähgarn an der Mütze befestigen.

Für die Sternenketten 5 große, 3 mittlere Sterne und einen kleinen Stern aus Fotokarton schneiden. Die Nasen aus Tonpapier aufkleben. Die Augen und den Mund aufmalen, in die Augen die Lichtpunkte setzen. Die Sterne mit gelbem Nähgarn zu drei Ketten verbinden, dabei auf die richtige Verteilung der Größen achten. Die Kette mit dem kleinen Stern an der Unterseite des Mondes befestigen.

Nikolaus

Vorlagenbogen Seite D

Bei Sternenglanz, Apfel- und Tannenduft wird es uns warm um das Herz. Der Nikolaus aber muss in den kalten Winter hinaus. Brummelnd vermummt er sich von Kopf bis Fuß.

Das wird gebraucht

Karton mit Streifen in Rot und Blau
Tonkarton in Hautfarben, Grün, Blau, Schwarz
Bastelkarton in Weiß, Gelb, Grün, Rot
Tonpapier in Hautfarben, Rot, Schwarz
Klebstoff
Schere
kleine spitze Schere
Fineliner in Schwarz
Nähnadel
Nähgarn in Rot und Gelb
Klebefilm

So wird's gemacht

Für den oberen Nikolaus die gestreifte Unterwäsche zuschneiden. Aus Tonkarton die Hände und Strümpfe zuschneiden. Die Hände hinter die Arme, die Socken hinter die Beine kleben. Mit der Nähnadel das Loch für das Nähgarn durchstechen. Den Bart und die Knöpfe aus Bastelkarton zuschneiden. Das Gesicht und die Nase aus Tonpapier fertigen und auf den Bart kleben. Die Augen und den Mund mit dem Fineliner aufmalen. Für den Nikolaus in der Mitte aus Bastelkarton den Mantel und die Fellstücke zuschneiden. Die Fellstücke auf den Mantel kleben. Ein Loch für das Nähgarn durchstechen. Den Kopf fertigen und auf den Mantel kleben. Die Knöpfe aus Tonpapier zuschneiden und aufkleben. Die Hände hinter die Ärmel kleben. Die Strümpfe hinter den Mantel kleben.

Für den unteren Nikolaus den Mantel wie oben beschrieben fertigen. Ein Loch für das Nähgarn durchstechen. Den Kopf fertigen und aufkleben. Die Knöpfe platzieren. Die Handschuhe aus Tonkarton hinter die Ärmel kleben. Die Stiefel aus Tonkarton hinter den Mantel kleben. Die Nikoläuse mit dem Nähgarn verbinden.

Für die Weihnachtsketten die Motive Stern, Tannenbaum, Apfel und Herz aus dem Bastelkarton schneiden. Die Motive nochmals gegengleich fertigen. Das Nähgarn in der Motivmitte mit Klebefilm fixieren. Die gegengleichen Motive aufkleben.

Schneemänner

Vorlagenbogen Seite D

Eiszeiten werden rar und damit auch die Schneemänner. Hängen wir die kalten Gesellen an unsere Fenster. So haben wir an ihnen länger Freude, denn sie überstehen jedes Tauwetter.

Das wird gebraucht

- Bastelkarton in Weiß
- Karton mit Pünktchen in Rot, Blau, Grün
- Tonkarton in Rot, Blau, Grün, Gelb
- Tonpapier in Orange und Schwarz
- Schere
- Klebstoff
- Bürolocher
- Pinzette
- Fineliner in Schwarz
- Deckweiß
- Schaschlikspieß
- Buntstift in Grau
- Nähgarn in Weiß
- Nähnadel
- Cutter
- Lineal
- 24 Wattekugeln

So wird's gemacht

Für die Schneemänner Körper und Kopf aus Bastelkarton zuschneiden. Die Schals aus Pünktchenkarton und die Zylinder aus Fotokarton zuschneiden. Die Schals auf die Körper kleben. Mit der Nähnadel das Loch für das Nähgarn durchstechen. Den Kopf aufkleben und mit dem Zylinder ergänzen. Aus Tonpapier die Nasen schneiden und aufkleben. Mit dem Bürolocher die Augen und Knöpfe ausstanzen, vorsichtig mit Klebstoff versehen und mit Hilfe der Pinzette auf Gesicht und Körper kleben. Mit dem Schaschlikspieß und etwas Deckweiß weiße Glanzpunkte in die Augen setzen. Mit dem Fineliner den Mund aufmalen. Mit dem grauen Buntstift die Beinlinie aufmalen. Die Schneemänner mit dem Nähgarn zu einer Kette verbinden.

Für die Ketten aus Schneeflocken und Sternen zuerst sechs Sterne auf Tonkarton übertragen und ausschneiden. Beim Auffädeln mit der untersten Wattekugel beginnen, das Nähgarn durch die Kugel ziehen und verknoten. Damit die einzelnen Kugeln nicht verrutschen, das Garn bei jeder Kugel ein zweites Mal durchziehen. Nach je drei Wattekugeln einen Stern einfügen.

Glücksbringer

Vorlagenbogen Seite B und D

Für einen guten Start in das neue Jahr schmücken wir unsere Fenster mit den altbewährten Glückssymbolen. Sie können die Motive aber auch zu einem herzlichen Kartengruß zusammenstellen und somit zu einem wahren Glücksbringer werden.

Das wird gebraucht

- Tonkarton in Schwarz, Hautfarben, Gelb, Rot, Grün
- Karton mit Pünktchen
- Tonpapier in Hellrot und Hellgrün
- Schere
- kleine spitze Schere
- Klebstoff
- Fineliner in Schwarz
- 1 Halbperle in Schwarz, ∅ 3 mm
- Pinzette
- Bürolocher
- Edelbast in Schwarz
- Nähnadel
- Nähgarn in Schwarz und Rot

So wird's gemacht

Zuerst den Schornsteinfeger basteln. Dazu die Jacke, die Hosenbeine und die Schuhe zuschneiden. Die Hosenbeine hinter die Jacke, die Schuhe hinter die Hosenbeine kleben. Den Kopf, den Schal und die Haare zuschneiden. Den Kopf auf die Jacke und darauf den Schal kleben. Die Haare auf den Kopf kleben. Den Zylinder fertigen und auf dem Kopf platzieren. Die Halbperle mit der Pinzette aufkleben. Mit dem Fineliner den Mund und das Nasenloch aufmalen. Mit dem Bürolocher das Bäckchen aus Tonpapier ausstanzen und aufkleben. Die Leiter, den Ärmel und die Hand fertigen. Die Leiter auf den Körper, die Hand hinter den Ärmel kleben. Den Arm aufkleben. Das Hufeisen ausschneiden und auf die Leiter kleben.

Für die Marienkäfer die Körper und Köpfe zuschneiden. Zwei kleine Baststücke als Fühler hinter die Köpfe kleben. Den Kopf hinter den Körper kleben. Das Kleeblatt zuschneiden. Mit dem Bürolocher den hellgrünen Punkt aus Tonpapier ausstanzen und auf die Kleeblattmitte kleben. Die obere Kette am Zylinder, den Käfer am Hosenbein befestigen.

Die Herzen ebenfalls aus Tonkarton ausschneiden.

Die Herzen und Kleeblätter mit dem roten Nähgarn zu Ketten verbinden.

Die Deutsche Bibliothek – CIP-Einheitsaufnahme

Ein Titeldatensatz für diese Publikation ist bei Der Deutschen Bibliothek erhältlich.

Besuchen Sie uns auf unserer Internet-Seite unter www.augustus.de

Die im Buch veröffentlichten Ratschläge wurden von Verfasserin und Verlag sorgfältig erarbeitet und geprüft. Eine Garantie kann dennoch nicht übernommen werden. Ebenso ist die Haftung der Verfasserin bzw. des Verlages und seiner Beauftragten für Personen-, Sach- und Vermögensschäden ausgeschlossen.

Fotografie: Klaus Lipa, Diedorf
Foto Seite 5 aus: Müller, Window-Color – Reise um die Welt, Augustus Verlag
Lektorat: Franziska Schenk, Augsburg
Umschlaglayout: Angelika Tröger
Reihenkonzeption: Kontrapunkt, Kopenhagen
Layout: Uhl + Massopust, Aalen

AUGUSTUS VERLAG, München 2001

Satz: Gesetzt aus 9,5 Punkt The Sans von Uhl + Massopust, Aalen
Reproduktion: Uhl + Massopust, Aalen
Druck und Bindung: Offizin Andersen Nexö, Leipzig

Gedruckt auf 135 g umweltfreundlich chlorfrei gebleichtem Papier.

ISBN 3-8043-0877-5

Printed in Germany